LA GRAPHOLOGIE

COMPARÉE

ÉTUDE DU CARACTÈRE DE L'HOMME PAR CELLE DE LA FORME
DE SES DOIGTS ET DE SON ÉCRITURE

> Ce qui est en bas est comme ce qui est en haut et ce qui est en haut comme ce qui est en bas.
>
> *Sciences Occultes.*

Deuxième édition. — Prix 2 francs.

DRAGUIGNAN
IMPRIMERIE ET LIBRAIRIE P. GIMBERT FILS, PLACE CLAUDE GAY
1876

LA

GRAPHOLOGIE COMPARÉE

LOUIS MOND

LA GRAPHOLOGIE COMPARÉE

ÉTUDE DU CARACTÈRE DE L'HOMME PAR CELLE DE LA FORME
DE SES DOIGTS ET DE SON ÉCRITURE

> Ce qui est en bas est comme ce qui est en haut et ce qui est en haut comme ce qui est en bas.
>
> *Sciences Occultes.*

Deuxième édition

DRAGUIGNAN
IMPRIMERIE ET LIBRAIRIE P. GIMBERT FILS, PLACE CLAUDE GAY

1876

PRÉFACE

Ce livre n'est que le premier jalon d'une série d'études physiologiques que je compte donner au public; mais, je me hâte de le dire, car je ne suis point de ceux qui aiment à se parer du mérite qu'ils n'ont pas, il n'est qu'un résumé, succinct et abrégé de la science graphologique, trouvée par feu M. l'abbé Flandrin, chanoine de la métropole de Paris, et inaugurée par M. l'abbé Michon, son élève et ami ; qu'un léger appendice, élucidé et étendu par moi, des œuvres de ce dernier; auxquelles je renvoie le lecteur pour tout ce qui n'est pas de ma compétence.

Peu étendu et sans autre donnée que les principes mêmes de la science nouvelle traitée en comparaison avec la chirognomonie, sa sœur aînée, ce livre n'a dans mon esprit et intention d'autre but que de propager celle-ci en la mettant à la portée de toutes les bourses et de toutes les intelligences; seul moyen, selon moi, d'atteindre à la notoriété, voulue et cherchée, pour tout ce qui commence : ceux donc qui voudront étudier la graphologie dans sa source première, devront, je l'ai dit, remonter aux œuvres de M. Michon.

Après ce volume, le premier, nous l'avons dit, de toute une série en voie d'exécution, viendra une *chirognomonie pra-*

tique et usuelle, laquelle, je l'espère, ne tardera pas à paraître; puis nous parlerons, tout en reliant chaque science à la précédente, car ces dernières n'ayant qu'un seul et même principe ne font bien qu'une entre elles, de la chiromancie, de la phrenologie, de l'astrologie, etc.

Moins dédaigneux des sciences occultes que M. Michon qui n'en fait fi que parce qu'il les ignore, j'ai su m'en faire une force jusque dans la graphologie elle-même ; ce qui est, quoi qu'en puisse dire son vulgarisateur, un pas réel et incontestable dans la science.

En effet, et malgré les dénégations de ce dernier, lequel, du reste, comme tous ceux qu'une seule idée mène, ne voit qu'un seul point dans l'espace quand plusieurs s'y présentent à la fois, la graphologie se relie, forcément, par l'affinité commune à tout ce qui est du ressort de l'homme, aux sciences dont nous venons de parler : elle en est la conséquence née, le résultat naturel ; et elle serait sans base si les autres n'existaient pas.

D'après M. Michon et la peine qu'il se donne, chaque jour, de démentir toute corrélation entre ce qu'il appelle « sa science » et celles dites occultes, les traits seuls de notre écriture, acte inconscient de notre personnalité, parleraient, comme révélation de nous-mêmes, pendant que ceux qui nous sont propres resteraient muets... Autant vaudrait-il dire alors, que la vie est sans principe et son mouvement sans régularité !

M. Michon le prendra comme il le voudra : ce raisonnement est illogique et comme un désaveu qu'il se donne à lui-même, car, si nous pouvons nous retrouver dans les lignes de notre écriture, ce qui est prouvé aujourd'hui, à plus forte raison devons-nous le faire, ce qui est sans conteste depuis longtemps, dans tout ce qui est de nous ; et cela est si vrai que la graphologie, malgré les dénégations de son vulgarisateur, et tout en étant une de principe, ne marche que dans les voies tracées par ses sœurs aînées ; ce que j'établirai en son temps et lieu.

Le mérite de la graphologie, mérite grand et tout en dehors de moi, je l'avoue, est donc, non point d'avoir trouvé l'équilibre et les facultés du cerveau, comme certains pourraient le croire, mais bien les signes qui dans l'écriture correspondent à ces derniers ; signes ignorés jusqu'au jour où M. l'abbé Flandrin ayant trouvé les premiers les établit sur une base fixe et certaine.

Parce qu'un homme est sans donnée personnelle sur une chose ; que cette chose il l'ignore ou ne veut pas la savoir, s'en suit-il qu'elle ne soit pas et qu'il doive en être de tous comme de lui ? Non, sans doute, et celui qui porte en soi le sentiment vrai de la science ne nie qu'en toute connaissance de cause et après avoir éprouvé longuement ce dont il doute ; principe dont messieurs les détracteurs de tout genre se souviennent rarement. Ce que je dis là est établi sur preuves authentiques.

Le lecteur voudra bien me pardonner si je mets en scène, et plus qu'il ne le voudrait peut-être, M. Michon qu'il ne connaît pas, mais du moment que ce dernier sépare la graphologie des autres sciences, ses sœurs, je dois prendre la cause en main et la discuter dans le principe qui m'est propre.

D'un autre côté, et pour en revenir à notre sujet, celui qui marche dans une voie tracée à l'avance, tant peu cette dernière le soit-elle, ne peut avoir et n'a jamais qu'un mérite secondaire, tout comme celui qui vient après n'en a qu'un de troisième ordre : le tout est donc, en pareille circonstance, et si l'on tient à l'assentiment des autres, de rester où le sort vous a mis ; ce que je fais, en m'inscrivant comme troisième après MM. Flandrin et Michon.

Pour ce qui est de la graphologie, *pure*, je relève d'eux, c'est entendu ; mais pour ce qui est de la comparaison de cette dernière avec les autres sciences, ses sœurs, point de départ m'appartenant, je ne relève que de moi.

En deux mots, voici ma position tracée : J'AI PRIS ET J'APPORTE.

En portant le cercle de la graphologie bien au-delà de ses limites naturelles et jusque sur les domaines des sciences qui l'ont précédée dans l'art de juger les hommes par eux-mêmes, je suis donc en voie de progression scientifique, et comme je fais de la science pour elle-même et sans autre besoin de clientelle que celui d'élargir mon cercle d'enseignement et de pratique, il en ressort que loin de nuire à cette dernière, et à son vulgarisateur comme on pourrait le croire, je leur suis avantage puisque je porte en avant le rayon qui est leur avant d'être mien.

C'est donc de la graphologie, *pure et comparée*, tout à la fois, que nous allons faire; de la graphologie telle que l'enseigne M. Michon et telle que je la pratique moi-même; de la graphologie, revue et augmentée tout en étant réduite à ses plus simples expressions — disons le mot : c'est de la graphologie, *pierre,-d'attente* pour les études qui doivent suivre ; car, je le répète, c'est une série que je commence et mets en voie d'exécution.

Les gens qui aiment à contester, m'observeront peut-être, et avec une certaine logique, que la graphologie étant science nouvelle et à peine hors de son sillon il eût été plus rationnel à moi de procéder par tout autre que par elle-même ; ce que j'eusse indubitablement fait sans les raisons qui suivent.

D'abord, l'heure est à la graphologie en raison, même, de sa nouveauté ; et j'ai pour habitude, éprouvée, de ne point me heurter à cette dernière : puis un autre volume, son *alter ego*, la *chirognomonie pratique et usuelle* est, du moins, je l'espère, en voie d'avénement, ce qui serait une double force pour les deux.

Une seconde raison, non moins péremptoire que la précédente, m'a poussé à l'intervertissement du droit commun : l'empressement mis par les classes laborieuses à suivre les conférences de M. Michon, l'intérêt soutenu qu'elles y ont apporté, l'aptitude et l'intelligence, grandes, qu'elles y ont montrées.

Les masses, pour me servir d'un terme consacré, ayant compris l'importance de la révélation nouvelle, j'ai pensé qu'il fallait assouvir leur soif d'apprendre en multipliant les sources où elles peuvent se désaltérer; voilà pourquoi, intervertissant l'ordre des choses, j'ai donné à la graphologie le premier pas dans mes études; tout en laissant, comme de juste, les grandes lignes à qui de droit.

Ajoutons, et pour en finir, que M. Michon, ardent à la controverse et tout à cheval sur la dénégation de ce qui n'est pas son intelligence propre, m'a pour ainsi dire forcé la main, dans ce que j'entreprends, en déniant chaque jour dans son journal, et avec une persistance de mauvais goût, ce que nous avions discuté ensemble et dont je lui avais donné les preuves authentiques.

Il n'a qu'une corde à son arc, et s'en fait gloire, chacun son goût ! moi, j'en ai bon nombre au mien, ce qui me permet de varier mes thèmes à l'infini pendant qu'il ne peut que rester sur la monotonie de sa note habituelle; voilà ce qui fait la distance entre nous — Il fait de la graphologie, *pure et simple*, je fais de la graphologie *comparée*, et les deux ne font pas une, comme on le voit.

Un moment, et c'était la pensée du premier jour, j'ai songé à mettre mon talent sous la protection, immédiate et reconnue de M. Michon, laissant au public le soin de distinguer entre nous, s'il y avait lieu; mais du moment qu'il tranche lui-même, déniant et rabaissant tout ce qui nest pas de lui, je me dois à moi-même et aux sciences que je représente, de protester énergiquement, et par tous les moyens, contre ses dénégations de toute espèce. *Fiat volontas sua.*

Voilà ma force et mon droit dans la position qui m'est faite ; et je l'établis ici, tout ce qui n'est pas graphologie pure, dans le livre que je promulgue, c'est-à-dire, simples traits de l'écriture, relève de moi; et tout en dehors de MM. Flandrin et Michon.

Louis MOND.

LA

GRAPHOLOGIE COMPARÉE

CHAPITRE PREMIER

SIMPLE APERÇU

La porte, une fois ouverte, la première question à se poser est celle-ci : Qu'est-ce que la Graphologie?

La Graphologie, pour nous répondre à nous-même, est l'étude du caractère de l'homme, de ses tendances et aptitudes, basée sur celle de son écriture.

Je n'ai besoin de le dire, il ne s'agit plus ici, on le comprend, de l'axiôme de M. de Buffon : « Le style c'est l'homme, » mais bien de la calligraphie elle-même, et dans tout ce qu'elle peut avoir d'excentricité et de mouvement, c'est-à-dire de la forme des lettres qui la composent, de l'ampleur et diversité de ces dernières, de leur arrangement, symétrie, conformation, etc.; et tout cela sans en oublier un simple trait.

A vrai dire, et en l'étudiant de près, toute l'histoire du cœur humain se retrouve dans la graphologie aussi bien, et d'une manière tout aussi péremptoire, que dans les autres sciences portant, comme elle, sur l'intelligence de l'homme par lui-même, et c'est en cela qu'elle est véritablement leur sœur, parenté incontestable, et que son vulgarisateur a le tort de dénier.

Elle est la sœur de ces dernières, mais comme principe fondamental seulement, car il y a cette différence de pratique entre elles, c'est que la graphologie s'exerce à distance, ce qui la fait complément des autres, pendant que celles-ci veulent l'homme en présence pour s'exercer et avoir tout leur effet. Mais alors, et quand les autres sont en pleine liberté d'action, la graphologie, elle, et tout naturellement, reste nulle d'effet; ce qui fait qu'on ne peut se prévaloir de l'une plutôt que des autres sans les renier toutes.

Les sciences physiologiques ont donc toutes, comme on le voit, et comme complément les unes des autres, une même tendance et unité de portée; et toutes, quand on les connaît à fond, ont la même puissance d'action et la même force de pratique; toutes sont solidaires du mouvement commun et se retrouvent en s'affiliant aux autres. Je défie les plus forts en logique de me démontrer le contraire.

Réunies en faisceau et passant de l'une à l'autre par suite du reflet qu'elles se projettent mutuellement et de l'enjambement naturel au mouvement qui les relie, ces mêmes sciences physiologiques, sont, comme moyen de perception et connaissance des autres, un avantage d'autant plus grand qu'on peut juger alors tout à la fois, à distance et de *visu*, — à distance par la graphologie, de *visu* par toutes celles de ces sciences qui s'exercent de près.

De plus, et c'est en cela que j'ai marché dans la voie de progression, on peut, quand on les possède toutes, et en intervertissant l'ordre établi, passer des unes aux autres, c'est-à-dire, qu'une écriture étant donnée, on peut dire avec elle, et à la simple inspection, non-seulement la forme de la main qui en est l'auteur, mais encore ce qu'est l'homme physique et *vice versa*, quoique cela soit moindre en son importance.

Pour ne donner ici qu'un exemple de ce que j'avance, je prends une écriture fine et se perdant en elle-même ; autrement dit, celle à laquelle la graphologie attribue l'esprit de savoir-faire et de diplomatie, et, suivant que l'écriture est plus ou moins accentuée dans le sens indiqué, je dis, en modifiant ma main sur ces données, *main souple, longue et effilée*, puisque c'est, en chirognomonie, le type qui apporte les mêmes facultés que l'écriture. Pas plus difficile que cela, et dans les deux sens !

Passant alors de la chirognomonie à l'Astrologie, je me trouve en pleine influence de Mercure, laquelle me donne, avec les modifications qu'il faut chercher et trouver, le portrait physique de l'homme; en un mot, et quand il s'agit de sciences physiologiques, la personnalité humaine se réflète des unes aux autres, ni plus ni moins qu'une image dans plusieurs miroirs placés *ad hoc* ; voilà ce que M. Michon ne veut pas comprendre et ce que je viens enseigner à mes lecteurs.

Née d'hier et science nouvelle, la graphologie, comme on le voit, en est encore à ses premiers pas, mais non pas à ses essais, ce qui est preuve et encouragement pour ceux qui en voudront tenter l'étude : elle a été pressentie par Lavater, Gœthe, Walter-Scott et certains autres qui n'ont pu ou su l'établir. Peut-être même ne l'ont-ils jamais tenté.

En dernier lieu, un Allemand du nom d'Adolf Hens, nous dit Desbarrolles dans sa préface du livre des *Mystères de l'écriture*, livre fait en collaboration avec M. Michon, a publié, sous le nom de *Chirogrammatomancie* (1) un volume traitant du sujet, mais, je l'ai dit, à M. l'abbé Flandrin revient tout l'honneur de la découverte graphologique et de ses premiers principes. « C'était, nous dit encore Desbarrolles dans la même préface du même livre des *Mystères de*

(1) Il n'y a bien qu'un Allemand pour trouver un nom pareil.

l'écriture, tout un système avec des règles, des signes et des données positives — tout une science, en un mot. »

Ce que M. Flandrin avait trouvé, où, quand et comment, je ne le sais, car ces premiers essais de la science sont restés dans l'ombre du mystère, faute de renseignements donnés. M. Michon, lui, à son tour, l'a promulgué, complétant de ses propres observations la science découverte et inaugurée par son prédécesseur; ce qu'il faut bien établir pour donner à la graphologie sa véritable origine.

Ce dernier, vulgarisateur infatigable et zélé, réglementant d'ici, classant de là, a élargi les bornes de la voie faite et asservi les principes donnés à des règles fixes; ce qui lui fait sa part de mérite dans l'œuvre entreprise, mais à titre secondaire seulement, nous l'avons déjà dit.

La graphologie, pour entrer dans le cœur de la question et en arriver à nos moyens d'action, est établie sur deux bases essentielles à l'origine desquelles je ne remonte pas faute de preuves pour en démontrer quel est l'auteur. M. Michon dit : — C'est moi ! la logique : — C'est M. Flandrin ! et la logique doit avoir raison, puisque M. Michon ne marche que sur les données qui lui ont été transmises.

Ces deux bases sont les angles et les courbes — les angles qui représentent la *force* et l'*énergie*, les courbes qui relèvent de la *douceur* et de la *faiblesse* : c'est-à-dire, et en opposition réglementaire, les deux principes actif et passif.

Je ferai observer ici, et pour donner plus de poids à ce que j'ai dit plus haut, que, en chirognomonie, physiognomonie, phrénologie, etc., toutes sciences antérieures à la graphologie, il en est exactement de même du principe; ce qui me fait supposer, et avec raison, que M. Flandrin connaissait ces dernières et qu'il s'en sera fait un point de départ pour la science qu'il inaugurait; car enfin, et après tout, rien ne peut être sans ce dernier.

Ce que j'avance ici est tellement dans la logique des choses que je pourrais presque dire que j'en ai la certitude, tant les connexités, de part et d'autre, rentrent dans la donnée générale; ce que tendrait encore à confirmer les erreurs patentes et journalières de M. Michon, lorsque celui-ci parle de ce qu'il ignore et veut le confronter avec ce qu'il sait; erreurs qui ne peuvent, et n'ont jamais dû être de l'auteur vrai de la graphologie; car les rapports qui relient et unissent toutes ces sciences entre elles, sont tellement identiques en leurs principes et les mêmes partout, que la clef d'une seule de ces sciences donne immédiatement celle de toutes les autres.

Revenons à nos moutons.

En graphologie, tout découle donc du double principe des angles et des courbes; et chez elle, comme chez les autres sciences, ses sœurs, tout se retrouve dans la combinaison de ces deux forces et principes.

Partant, alors, de celui donné, M Michon a établi, soit avec les données de M. Flandrin, soit avec les siennes propres, des *signes types* dont je donne la nomenclature ici, lui en laissant, comme de juste, toute la gloire et priorité : c'est un emprunt que je lui fais; à charge de revanche, et quand il aura besoin de mes données propres. J'espère qu'il ne m'en voudra pas trop, son intérêt passant avant le mien.

Ces signes types, il les a appuyés dans son livre, et les appuie chaque jour dans son journal, par des exemples autographiques bien faits pour fixer dans l'esprit de l'adepte l'enseignement donné; mais lesquels ne peuvent être de ce volume trop restreint de prix et de format pour les admettre en lui; d'ailleurs, et selon moi, des principes bien établis peuvent se passer d'exemples sans que la science en soit moins sûre.

De ces signes-types, base principale de la science graphologique, découlent d'autres types secondaires ou inférieurs, lesquels, à leur tour, se divisant et multipliant, étendent la science à l'infini. Pour la plus grande facilité du lecteur, je les ai rassemblés sous forme de dictionnaire que je donnerai à la fin de ce volume ou séparément, suivant les circonstances et l'espace qui me sera donné ici.

Sans attenter aux droits de M. Michon, mon livre sera donc complément à ses œuvres; voilà son premier mérite : le second sera, nous l'avons dit, d'être pierre d'attente pour l'avenir.

Avec lui, et pour peu qu'on le veuille, on sera vite au courant des principes graphologiques; quant à ce qui est des exemples autographiques, à défaut d'eux, on peut soi-même en établir les types en les cherchant dans les écritures que l'on possède, travail qui ne pourra qu'aider à l'œuvre d'avènement.

CHAPITRE II

DEUX MOTS DE CHIROGNOMONIE

Cette dernière, tout aussi bien que la Graphologie, est l'étude de l'homme par lui-même ; seulement, et c'est en cela que les deux diffèrent, l'une procède par la forme de l'écriture, l'autre par celle de la main et de ses doigts ; mais ici, comme là, les données sont les mêmes.

La première s'exerce à distance,—la seconde, veut l'homme présent ; néanmoins, et quand il lui plaît d'agir à l'insu de ce dernier, elle le peut, dans le rayon de sa vue , car l'œil une fois fait à son travail d'appréciation, tout se voit d'ensemble et par un simple aperçu.

Due aux recherches et observations de M. le capitaine

d'Arpentigny, la Chirognomonie n'a que cinquante ans de date, environ : son principe est exactement le même que celui de la Graphologie. — Les *angles* et les *courbes*; les angles qui apportent avec eux la force et la virilité, la sécheresse de tempérament, etc. ; les courbes qui donnent la douceur et la féminité, la faiblesse, etc. ; et entre les deux types, toute la hiérarchie de ceux qui les relient.

En quoi et comment la main, insouciante d'elle-même, vont me dire bon nombre de lecteurs, peut-elle représenter l'esprit de celui qui la possède ?... et de là, toute une série de si, de mais et de car, qui n'ont qu'une réponse — *la main est l'exécuteur des hautes-œuvres de la tête* : elle agit quand cette dernière commande et n'a été donnée à l'homme que pour le servir dans ses tendances et passions; il n'est donc que logique, alors, de retrouver en elle, *comme instrument*, le reflet des facultés qui la meuvent *comme moyens*.

Pour s'assurer de ce que j'avance et s'en convaincre soi-même, on n'a qu'à regarder autour de soi et chacun y verra que l'homme d'action a la main faite autrement que celui qui tend au repos ; il y a plus, et lorsqu'on trouve une position tronquée, toujours, et toujours, une souffrance ou une misère se voit par derrière; tant l'ensemble des mouvements est nécessaire au bonheur de l'homme.

La main, donc, représentant, par ses affinités avec l'esprit de celui qui la possède, les tendances de ce dernier il n'est que simple et naturel que l'écriture qui en relève ait les mêmes propriétés; et pour prétendre qu'une main forte et épaisse puisse produire une écriture fine et légère, il faut, ou du mauvais vouloir, ou de la nullité d'esprit. Il en serait de même si l'on intervertissait l'ordre des types; et la conséquence du fait est tellement péremptoire qu'un enfant lui-même l'établirait.

Ce principe d'analogie étant admis, tous les autres le sont

avec lui; car ils ont la même souche, et du premier au dernier pas, tous s'enlacent et se relient en une seule et même chaîne; base qu'il faut établir et bien retenir pour arriver.

Une main habile a une écriture *ad hoc*, cela ne fait de doute que pour ceux qui ne veulent pas croire; celle qui dit la franchise écrit comme elle pense, cela va de soi et se comprend seul; et toutes deux, par leur forme et leur écriture disent l'homme. Voilà le principe d'affinité établi entre nos deux sciences.

Il est facile, d'après cela, de comprendre qu'une écriture étant donnée on ait avec elle l'ensemble de la main qui l'a tracée; et, comme deux sciences valent mieux qu'une, il s'en suit, que lorsque, en s'en servant, on passe de l'une à l'autre, comme moyen, on a double force et avantage; ce qui me donne ma supériorité sur M. Michon.

Le principe est donc le même dans les deux sciences, Chirognomonie et Graphologie, lesquelles relèvent l'une de l'autre et se coordonnent *forcément*; voilà mon point de départ et nous allons marcher d'ensemble. Attention !.... Je commence.

Pour lire, soit une main, soit une écriture, il faut en premier lieu, et comme principe de généralité, en étudier les grandes lignes ; puis les secondes et, enfin, les détails; le tout en comparant et différenciant d'un type à l'autre; car là, seulement, et dans ce travail des différences se trouvent les nuances et la clef du fini.

Ainsi, entre un extrême et l'autre, ce que nous savons d'instinct, est toute la gamme des degrés qui relient ces derniers entre eux et, par conséquent, un point central — équilibre des deux pôles — où ces mêmes extrêmes se retrouvent à dose égale; c'est-à-dire, où ils ne sont plus ni l'un ni l'autre tout en restant tous les deux. Ceci est de la physique et rien de plus!

Entre ce point central et chacun des extrêmes est un autre lui-même qui n'est plus que d'un quart d'action pendant que lui, tout au contraire, est d'une demie ; c'est logique et je n'aurais besoin de l'établir ; mais toute la succession de nos degrès se retrouve de la sorte ; et c'est de là qu'il faut partir.

Après ce travail qui est de toutes nos sciences, je viens de le dire, et pas plus difficile ici que là, puisque du premier jour il m'a été la clef de la Graphologie, telle que la promulguait M. Michon, vient ce que j'appelle *la distinction dans les types* ; c'est-à-dire, non plus le degré dans la faculté, mais bien la qualité dans cette dernière.

Ce travail dont M. Michon ne parle nulle part, ne s'en servant jamais lui-même, est celui qui tranche le plus, selon moi, dans la faculté qu'on étudie : ainsi, *égoïsme* et *personnalité* ne font qu'un chez lui pendant qu'ils font deux chez moi ; et je retrouve le type en Graphologie tout aussi bien qu'en Chirognomonie.

Ici, plusieurs m'arrêtent pour me demander quelle distinction je fais entre égoïsme et personnalité ; une bien simple — l'égoïste *veut tout* pour lui ; le personnel *rapporte tout* à lui ; le premier est cynique, le second est jaloux et envieux ; voilà la différence et la question est tranchée.

Reprenons.

Dans la volonté, je distingue celle d'*instinct*, de *persistance*, de *négation* etc. ; et de même pour tout. Cela s'apprend en pratiquant.

Comparer et *établir*, voilà notre point de départ et les deux mots établissent la science sur ses bases.

Comparer d'un signe à l'autre et établir sa moyenne sur les degrès de proportion est donc ce que j'appelle « la science » c'est-à-dire qu'après avoir donné aux types trouvés tout leur degré de force et de puissance, il faut, en les équilibrant les uns par les autres, ôter à celui-ci pour donner à celui-là ; et *vice versâ*. Il est bien entendu qu'il ne faut, en aucun point, sortir de la donnée générale ; et, pour aider au lecteur, ci-joint un exemple de ce que j'avance.

Celui dont je tiens la main, ou l'écriture, comme vous voudrez, est instinctif de tempérament, mais sans volonté forte de caractère (1) chez lui, tout porte donc du même côté — l'entrainement; et la volonté s'y affaiblira d'autant plus que le sentiment instinctif y gagnera d'avantage; pendant que la volonté, tout au contraire, y gagnera en intensité si le sentiment instinctif passe de l'intuition à la déduction; type moins primesautier que le précédent en ce que ses facultés émanent du cerveau, source de force, et non du cœur, source de faiblesse. Si les deux types sont de même portée, ils s'affirmeront l'un l'autre ou s'anihileront suivant le cas. Je pense être compris.

Ce travail d'alternatives et compromis entre les types d'une même main, d'une même écriture, offre, je le sais, et à ceux qui commencent, certaines difficultés qui peuvent effrayer au premier abord ; mais lesquels, je puis bien l'assurer, ne sont plus que badinage une fois le mouvement pris.

Ici, comme ailleurs, il n'y a que le premier pas qui coûte : équilibrons-le donc, tout d'abord; puis faisons-le hardiment et le reste viendra tout seul. Je réponds de ceux qui voudront me suivre.

(1) Voir au chapitre *Signes-Types*.

CHAPITRE III

SIGNES - TYPES

M. Michon a appelé « signes-types » ceux créés primordiaux mais je ne vois pas que ces derniers fassent souche ou que d'autres en découlent ; après, çà!.. c'est peut-être moi qui me trompe et je ne conteste qu'à demi.

Ces signes-types ont paru, et primitivement, au nombre de vingt-cinq : depuis lors, je le sais, M. Michon, les a revus et augmentés ; mais comme je ne veux aller sur les brisées de personne, et que le travail que j'entreprends est tout de comparaison, je m'en tiens à ces vingt-cinq dont j'établis la nomenclature ainsi qu'il suit — ce qui est de l'écriture d'abord, puis les facultés qui y correspondent, et, enfin, les signes des doigts et de la main qui répondent aux deux premiers, renvoyant le lecteur, pour ce qui est des autres, aux œuvres mêmes de ce dernier : je ne fais que de la science, peu m'importe donc, alors, qu'on aille chez autrui, dont j'ouvre moi-même la porte, comme on le voit.

Si l'on veut simplifier le travail, on peut laisser les signes des doigts jusqu'à ce qu'on sache ceux de l'écriture.

Signes - Types

ECRITURE	FACULTÉS	SIGNES DES DOIGTS
ANGLES	Force et énergie.	Doigts secs et nerveux, pouce long, main dure.
COURBES	Douceur et faiblesse.	Formes pleines et ar-

ECRITURE	SIGNES-TYPES	SIGNES DES DOIGTS
		rondies, pouce court, main molle.
LETTRES OUVERTES	Franchise et candeur, épanchement.	Pouce court, doigt lisses, pointus, ou carrés.
ECRITURE EXCENTRIQUE	Bizarrerie de caractère	Main extravagante et folle, doigts très pointus etc.
t MINUSCULES BARRÉS FORTEMENT	Volonté forte et énergique.	Pouce long et 1re phalange du pouce grande (1)
t MINUS. BARRÉS TRÈS-HAUT	Despotivité, tyrannie, domination.	Pouce long, doigts gras à la base, nerveux et spatulés, 1re phal. du pouce longue
RIGIDITÉ DES LIGNES	Esprit de justice et de droiture.	Doigts carrés, phal. du pouce d'égale longueur.
GRAND MOUVEMENT DES LETTRES	Exaltation, enthousiasme.	Pouce court, doigts lisses et pointus.
TRAITS DURS ET ACCENTUÉS	Emportement, colère, violence.	Main courte et large forte de paume, pouce long et ongles courts.
TRAITS DURS ET ARRÊTÉS	Entêtement, opiniatreté, ténacité.	Même type que ci-dessus ; main dure, 1re phal. du poucelongue et la 2me courte.
ÉCRITURE FINE ET SERRÉE	Esprit étroit, mesquin, etc.	Paume courte et étroite, doigts trop longs, trop carrés, trop nerveux, 2me phal. du pouce étranglée.
CROCHETS AUX LETTRES ET MAJUSCULES	Egoïsme et personnalité.	Doigts forts à leur base et pointus ou secs et spatulés.

(1) La 1re phal. est la phal. onglée.

ECRITURE	SIGNES-TYPES	SIGNES DES DOIGTS
MOTS GLADIOLÉS (1)	Finesse, habileté et savoir-faire.	Doigts longs et souples, auriculaire long ou pointu.
GRANDS MOUVEMENTS DE LA PLUME	Imagination, enthousiasme exaltation.	Pouce court, doigts lisses, pointus; 1re phal. des doigts longue et pointue.
MOTS GROSSISSANTS	Franchise et loyauté, naïveté.	Main courte, large, doigts carrés et sans ampleur à la base, pouce court.
ÉCRITURE FINE ET MENUE	Idées étroites, esprit de minutie, ruse, détours, etc.	Doigts très-longs, spatule accentuée, nœuds très prononcés, pouce très-long.
LETTRES SANS FINALE	Positivité, avarice, ladrerie.	Doigts longs, secs, noueux ; pouce long et droit, doigts forts à leur base, main sèche et creuse.
MOTS LARGEMENT ESPACÉS ET LONGUES FINALES	Amour de la dépense et prodigalité.	Doigts lisses et pointus, pouce et paume se renversant.
d MINUSCULES SANS CROCHET DANS LE HAUT	Simplicité, naturel, etc.	Main harmonique et sans exagération de forme.
ÉCRITURE INCLINÉE DE DROITE A GAUCHE	Sensibilité et nervosité, cœur.	Main souple, pouce court, etc.
FIORITURES AUX LETTRES ET MAJUSCULES	Orgueil et suffisance, imagination.	Main pleine, lisse, pointue, spatule prononcée, etc.
ÉCRITURE ANGULEUSE	Volonté forte, domination, etc	Main nerveuse et pouce long.
BARRES DES t MINUSCULES ET AUTRES TRAITS AVEC CROCHET	Obstination, entêtement, etc.	Pouce court avec 1re phal. longue, doigts forts à leur base ou secs et noueux.

(1) Qui vont en s'amincissant en forme de glaive.

ÉCRITURE	SIGNES-TYPES	SIGNES DES DOIGTS
ÉCRITURE HARMONIQUE	Intelligence et esprit élevé.	Main harmonieuse de forme.
ECRITURE INHARMONIQUE	Manque d'intelligence.	Main mal faite et sans harmonie.

A ces vingt-cinq types primordiaux j'en ajoute cinq autres pris et empruntés à M. Michon. Ce sont les suivants :

LIGNES ET MOTS ASCENDANTS	Ambition, entrain, réussite.	Main pleine, index long, pouce dont les phal. sont d'égale grandeur, etc.
LIGNES ET MOTS DESCENDANTS	Fatalité, mélancolie, tristesse, défaillance d'esprit, etc.	Main longue, sèche, maigre ou spatulée; médius large ou spatulé, etc.
MOTS DONT TOUTES LES LETTRES SONT SANS LIAISONS ENTRE ELLES	Esprit synthétique et intuitif, impressionnabilité grande, cœur, etc.	Main petite, doigts courts, lisses ou pointus, pouce court et pointu.
MOTS DONT TOUTES LES LETTRES SE LIENT ENTRE ELLES	Esprit d'analyse et de détail, de calcul et raisonnement de déduction, etc.	Main grande, doigts longs, spatule et nœuds accentués, pouce long, etc.
MOTS DONT LES SYLLABES SONT SEULES, SANS LIAISON	Esprit équilibré entre l'analyse et la synthèse ; encyclopédique, eclectique, etc.	Doigts mixtes de forme et de phal. ; main moyenne et dont les doigts et la paume sont d'égale longueur; pouce à phal. égales, etc

Pour ce qui est des autres signes, nous les retrouverons plus tard et en dictionnaire.

CHAPITRE IV

SUITE DU CHAPITRE PRÉCÉDENT

Nos signes-types bien établis sur leurs trois bases, il y a chez eux, je n'ai besoin de le dire et répéter, tous les degrés de proportion existant ailleurs, et pour eux comme pour tout ce qui ressort de la science, il faut faire une moyenne de ces derniers. Quelques exemples pour appuyer notre démonstration.

Nous avons dit plus haut que les angles indiquaient la force et l'énergie : or donc, et puisqu'il en est ainsi, plus ces derniers sont accentués, plus les facultés qu'ils représentent sont intenses et développées tout aussi bien que lorsqu'ils sont obtus, ces dernières s'adoucissent et disparaissent.

S'ils sont irréguliers de forme, accentués d'ici et obtus de là, les facultés sont de même, irrégulières de puissance et inégales d'émission ; ce qui s'explique de soi et en disant que la main a marché conduite en sa calligraphie par des impulsions *incertaines* et irrégulières; car nous le répétons : *en sciences physiologiques, tout a sa raison d'être d'un monde à l'autre comme reflet de puissance et puissance de reflet.*

Pour les courbes, il en est de même que pour les angles, mais en sens inverse, on le comprend et arrivées à un certain degré d'affaiblissement, les deux facultés passent de l'une à l'autre sans cesser d'être elles complètement; mais en gardant néanmoins, par devers elles quelque chose des deux types ; c'est-à-dire que lorsqu'il en est ainsi l'homme n'est plus, ni *ceci*, ni *cela*, mais cependant, et en même temps, *ceci* et *cela*. Je pense m'être fait comprendre.

On appelle *angles*, et en fait de graphologie, les lettres aiguës de forme et dont les déliés ou finales remontent à angle droit — *m, u, l*, etc. ; on nomme *courbes*, et quand on parle d'écriture, les lettres qui s'arrondissent — *m, u, l*, etc. Et le mouvement se retrouve dans toutes les lettres.

Il en est de même pour les mains que pour les écritures ; les formes *sèches* et *arrêtées* y représentent les angles pendant que celles qui sont *pleines* et *arrondies* y représentent les courbes ; et à mesure que ces dernières s'emplissent ou se dessèchent, les types, suivant le mouvement et les circonstances, vont en s'accentuant ou diminuant ; tout en s'accentuant et diminuant à la fois.

Ainsi donc, *angulosité* des mains, *angulosité* des lettres, *angulosité* de caractère, tout se tient et démontre l'un par l'autre comme nécessité d'harmonie et loi universelle. Il en est de même pour les courbes formes *arrondies*, lettres *arrondies*, *facilités* de carractère, etc. ; et ce principe établi nous allons marcher d'ensemble.

Les lettres ouvertes sont celles qui baillent dans le haut et principalement les lettres rondes comme les o, les a, les p, etc. Plus ces dernieres baillent, plus la faculté est grande chez nous, cela se conçoit, et plus elles tendent à se fermer, plus la faculté, elle, se restreint et disparaît.

Les types, à leur tour, se nuancent et distinguent suivant l'écriture où ils se trouvent ; c'est-à-dire, si cette dernière est de forme, oui ou non, harmonieuse, grosse, fine, etc.

Si elle est harmonieuse de forme, par exemple, le type apporte ses qualités ; mais il donne ses défauts si le contraire existe ; ce qui fait que pour les lettres ouvertes nous trouvons quand il s'agit des qualités — *besoin d'épanchement, éloquence, franchise, candeur, etc.*, tandisque lorsqu'il s'agit des défauts nous n'avons plus que, *indiscrétion, bavardage, médisance, loquacité, etc.*, suivant que l'écriture est ceci ou cela, ainsi que je viens de le dire.

Le mouvement est donc celui-ci, qu'il s'agisse de graphologie ou de toute autre science— *les qualités sont où l'harmonie des formes se trouve pendant que les défauts se voient où celle-ci manque* ; et toujours, je le répète, *toujours*, il faut tenir compte du principe car sans lui il ne peut y avoir des nuances vraies.

Les t minuscules barrés fortement veulent dire *volonté grande* ou énergie de volonté ; et cette dernière est d'autant plus accentuée que le type l'est lui-même, se réglant pour ce qui est d'elle, en cela, sur ce qui est de lui.

Ainsi, et sans sortir de la donnée qui est *volonté forte*, nous venons de le dire, plus le trait qui représente cette dernière sera court et ramassé sur lui-même, plus celle-ci, à son tour, sera puissante et maîtresse d'elle-même, intense et arrêtée ; tandis que si le trait s'allonge, même en restant fort, la volonté perd de son intensité ou force de concentration; car il y a alors, et forcément, déperdition de cette dernière par l'effet de prolongement. Comme vous le voyez, c'est toujours principe de physique ; mais faisant ici double emploi en allant du connu à l'inconnu, base première de nos sciences.

« Ce qui est en bas est comme ce qui est en haut et *vice versa* » voilà notre point de départ, tant en Graphologie qu'en Chirognomonie et autres, celui duquel il faut s'appuyer chaque fois que, en observant, on veut passer d'un monde à l'autre ; car je ne saurais trop le dire et répéter, *la loi est la même partout*, se produisant là comme ici, se répercutant d'un point à l'autre en faisant double mouvement ; ce qui fait que la métaphysique peut toujours, en fait d'appréciations et preuves à établir, se calquer sur la physique. Cette assertion n'est que logique et chacun peut l'éprouver.

Revenons aux barres de nos t.

Si le trait qui barre ces derniers est, à l'encontre du précédent, *mince et sans longueur*, la volonté, comme lui-même reste sans force, et faible avec lui, puisque celui-ci n'est que le reflet de celle-là; rayon d'intelligence projeté à travers l'écriture.

Mais, si le trait, tout en restant subtil et fin, ce qui se voit souvent, s'allonge et prend de l'extension, la volonté, alors, et tout en restant comme lui souple et flexible d'effet, grandit de même se projetant plus qu'elle ne se concentre ; mais prenant un degré, là, comme elle en perd un dans l'autre cas ; ce qui se conçoit de soi et sans peine.

Le principe s'établit donc ainsi, et pour tous les types : quand la faculté mise en jeu part de son point d'activité pour se rendre à celui de passivité, elle va en diminuant tandis que tout au contraire elle va en se renforçant quand le mouvement est en sens inverse.

Ce que l'on nomme « points d'intersection » dans les courants électriques ne sont autre chose, ici, que les lacunes apportées par les types secondaires dans le type principal ; et dont il faut, alors, ainsi que je viens de le dire, défalquer une partie. Tout ceci, bien entendu, comme enseignement général et que je ne répèterai pas.

Si, d'un autre côté, le trait commence fort pour aller en s'amincissant, c'est une volonté plus forte d'émission que de tenue, et dont il est facile d'avoir raison en la laissant s'user elle-même. Mais, quand le trait commence fin pour finir gros, c'est, en prenant le sens inverse, une volonté qui se renforce par elle-même pour devenir d'autant plus invincible que le trait va en grossissant ; et pour avoir ses mesures on équilibre ses données entre elles.

Le trait s'allonge peu, mais il grossit beaucoup. La volonté devient intense et plus enracinée qu'avant; pendant que s'il s'allonge en perdant de sa force, elle devient plus ardente, mais moins profonde ; etc.

Plus, en géométrie, une ligne est tirée au cordeau, plus elle donne la rectitude du coup d'œil de celui qui la tire et celle de la mesure prise; or donc, en écriture, les lignes droites et rigides veulent dire, chez celui qui les trace, et sans sortir du principe, *droiture d'esprit* et *rectitude de jugement*. Au lecteur, à en établir la gamme.

Chez les exaltés, tête, bras et jambes télégraphient à l'aventure et sans repos — le mouvement se retrouve jusque dans leur écriture dont les traits sont jetés sans ordre et dans tous les sens.

L'emporté, le brutal, le colère, appuyent ferme quand ils frappent ; leurs traits sont durs et empâtés, car leur plume écrase l'encre et le papier, comme eux-même, écrasent tout ce qu'ils touchent.

Les esprits étroits se resserrent sur eux-mêmes et dans leur jugement — leur écriture fait de même et chez elle tout est mesquin.

Les égoïstes veulent tout pour eux, les personnels rapportent tout à eux — leurs lettres et majuscules ont à leurs finales de grands crochets en retour, lesquels ne sont que l'image du MOI revenant toujours sur lui-même ; seulement, et c'est ce qu'il faut distinguer à l'appréciation, le crochet qui dit l'égoïsme s'épanouit plus en large qu'en long pendant que celui qui dit la personnalité prend plus en hauteur qu'en largeur ; et, quand le premier de ces crochets a les courbes pour corollaire, le second les angles, les types qu'ils représentent sont doublement confirmés. Il est bien entendu que si les crochets restent à moitié du mouvement, la faculté, de même, n'est plus qu'à mi-mesure, etc. etc.

Les gens fins pénètrent les autres — ils font *vrille*; les critiques lardent autrui — ils font *dard*, et ceux-ci comme ceux-là, finissent leurs mots en forme de glaive ; ce qui est naturel en soi puisque nous marchons d'après l'analogie.

Les lettres des gens francs et loyaux sont ouvertes et tous leurs mots vont en grossissant ; ce qui n'est que rationnel puisqu'eux-mêmes sont ouverts et se livrent facilement.

L'imagination est *exubérance d'esprit* — toutes ses lettres sont de même exubérantes de mouvement ; montant sans règle, descendant sans mesure ; et, plus l'imagination est ardente, plus le mouvement, en tous sens, s'accentue dans l'écriture qui la donne.

L'esprit de minutie s'appuie des détails et ne voit que par eux — son écriture est petite comme lui, ce qui le représente nettement.

L'avare économise et entasse — ses lettres sont sans finale et ses mots pressés les uns contre les autres.

Le prodigue va sans compter — ses lettres ont de longues finales et ses lignes sont comme percées à jour ; deux traits bien définis.

L'homme est poseur et content de lui — ses d miniscules s'enroulent au dedans d'eux-mêmes ; ce qui marque assez bien la complaisance de soi ; il est simple et naturel, — ces derniers sont sans enroulement sur eux-mêmes ; ce qui arrête le mouvement, etc.

On est vif et ardent — on lance tous ses traits et notamment ses d miniscules lesquels se perdent dans le mouvement et l'intervalle des lignes ; on a de l'orgueil et de la suffisance — on met des fioritures à ses majuscules et partout où le trait peut se glisser, etc... etc.; et toujours en s'appuyant de l'analogie ou de la ressemblance. »

Il en est donc de tout ainsi et, comme je l'ai dit, reflet d'un monde à l'autre — les lettres s'entrebaillent, l'esprit est ouvert—l'esprit est ouvert, les lettres s'entrebaillent : l'énigme à déchiffrer n'est pas plus difficile que cela.

Un dernier mot et nous passons au chapitre IV.

Pour tout ce qui est trait d'écriture; ceux de ces derniers qui soulignent et accompagnent les mots, ceux qui sont hampes et queues de lettres, rentrent dans la signification de ceux qui barrent les t miniscules et s'expliquent de même ; mais ils ne sont guère que complément au type principal représenté par ces derniers. Tous sont signe d'une volonté extra-puissante quand ils se terminent en massue ou forme de point.

CHAPITRE V

LES DEUX POLES

En établissant la Graphologie sur deux bases essentielles et sans en dire le pourquoi. M. Michon n'a fait que céder à une impulsion donnée, ce dont il ne s'est pas rendu compte, faute de la comprendre ; mais nous qui voulons le fond des choses, et le cherchons avec conscience, nous qui partons d'un principe fixe et voulons l'établir, nous allons, à ce sujet, entrer dans quelques digressions dont le but est de prouver que tout étant analogie d'un monde à l'autre il suffit d'avoir la clef de cette dernière pour apprendre beaucoup en se donnant peu de peine ; car l'idée première, une fois comprise et acceptée, on la retrouve en tout et partout. Qu'on me suive donc ; je vais tâcher d'être aussi clair que possible.

Dans l'univers, et sans exception, tout est basé sur deux pôles ; c'est-à-dire que tout y a un point de départ et un point d'arrivée, les deux se faisant équilibre par opposition et contraste ; ce qui crée une troisième unité, point central de leur double force. Ces pôles étant les mêmes partout — actif d'ici, passif de là, il en résulte que, lorsqu'on s'appuie d'eux, pour apprécier, ou ceci, ou cela, la chose est indifférente par elle-même, on a la pratique universelle ; ce que je vais établir à l'égard de nos sciences et sans préjudice de celles qui suivront.

Comme principe équilibrants, et dans la Chirognomonie, nous trouvons d'un côté la main souple, longue et étroite; une vraie main d'aristocrate, et des plus raffinés,—de l'autre et en opposition avec cette dernière, une main dure, courte et large ; celle d'un démocrate pur sang et tout dans son type. Il est bien entendu que je ne parle que des tendances et facultés, sans toucher aux opinions de personne.

Toutes deux se haïssent d'instinct et sont sans concession l'une à l'autre; cela se conçoit : elles ne se comprennent pas et leurs buts respectifs sont à l'opposé l'un de l'autre. La première est *passive*, la seconde est *active*; cela va de soi et le mouvement s'équilibre seul.

Quand les premières sont en majorité chez un peuple ce dernier marche à une décadence quelconque par la raison toute simple que ce qui est passif est sans vie personnelle ; partant sans avenir, ce qui est la fin de toutes choses. Lorsque les secondes y priment et sont en masse, l'action étant principe de vie il en est tout autrement ; ce qui pousse au progrès : c'est le mouvement qui monte, point de départ, et non celui qui descend, point d'arrivée; et nous nous retrouvons sur nos pieds comme ci-devant.

Si, tout au contraire, ces deux types de mains, en nombre égal sur les deux points, sont en présence et se disputent le pouvoir, le peuple dont elles relèvent tend à une renaissance quelconque, dans un sens ou dans l'autre, ce que peu nous importe puisque nous faisons de la science et parlons en général, mais il tend à une renaissance quelconque, parce que la lutte, par elle-même, est principe de vie, partant travail d'avènement ; ce qui établit le troisième principe, né des deux autres; et comme la victoire, obligation de logique, est à celui qui porte la vie en soi, il faut, lorsqu'on veut voir où le mouvement va, regarder sur quel point porte l'autorité des masses ; mais de celles qui se forment par elles-mêmes et non point de celles qu'on crée pour le besoin.

Ce qui est des peuples est des empires, car nous ne distinguons pas entre ces derniers ; et si nous avons pris notre exemple haut c'est pour l'étendre davantage, l'est pareillement pour l'homme, l'animal et la plante ; voire même la main et l'écriture en leurs différents types : où la vie prime, celle-ci l'emporte, et par mouvement de progression ; c'est-à-dire, que, en écriture comme dans les mains, toute faculté qui se renforce sur elle-même l'emporte, sur celle qui se détend; si même les deux sont à niveau.

J'établis pour ceux qui ne m'auront pas compris : *en Graphologie comme en Chirognomonie un trait court et épais l'emportera toujours, comme force, sur un trait long et mince quoique les deux aient la même valeur comme types.*

Revenons à notre démonstration.

Nos deux mains savent écrire et je leur mets à toutes deux une plume entre les doigts.

Que me donne la première en fait de calligraphie? Une écriture fine et allongée comme elle-même ; une écriture se perdant en son mouvement et dont les lettres sont à peine tracées; une écriture qui s'allonge en ce dernier et porte en avant comme la main qui la trace : c'est trait de caractère et l'on ne s'y trompe pas.

La seconde, tout au contraire, empâtée dans sa forme et sans souplesse de mouvement ne peut donner, logiquement parlant, qu'une écriture relevant d'elle-même et épaisse comme elle : c'est la loi des similitudes et il faut s'y conformer; qu'une écriture qui semble se tenir en garde contre tout le monde et vouloir rendre en coups de poing les soufflets dont l'autre la menace ; car je dois le dire, et pour l'enseignement de mes lecteurs, l'esprit d'attaque est à la première, celui de de riposte à la seconde; ce qui se retrouve dans la divergence des formes, si l'on veut bien l'étudier.

Prenez ces mains, prenez ces écritures, et vous verrez en

étudiant ceux qui vous les donnent que chacune d'elles parle dans son sens, créant ainsi, et en fait d'esprit, deux catégories extrêmes en leurs tendances et tout aussi contraires en ces dernières qu'elles le sont dans leur forme. Que représente en chirognomonie la main longue et effilée ? L'esprit de souplesse et persistance que M. Michon dit être afférent à l'écriture qui porte les mêmes qualités; ce qui établit une fois de plus, et en notre faveur, l'affinité qui relie toutes nos sciences dans le principe des deux pôles. Enjambons, maintenant, du passif à l'actif et nous retrouvons mêmes conclusions pour les mains courtes et larges. Où les premières passeront en se glissant, les secondes devront briser pour traverser, et la double expression du caractère se retrouve dans les deux actes. Dans le premier cas, et pour aider au mouvement de lenteur et persistance, l'homme doit se pencher en avant, allongeant les bras comme une couloœuvre qui se glisse par un trou ; et, en y regardant de près, je vois que son écriture, *inclinant de droite à gauche*, mouvement qui porte en avant, se glisse et s'efface comme lui en courant sur le papier. D'autre part, pour enfoncer une porte ou abattre un pan de mur, il faut que reculant d'un pas l'homme se rejette en arrière, appuyant sur ses reins, pour aider à l'élan de projection ; et, de même, je vois que son écriture prend des allures analogues aux siennes; c'est-à-dire, que, *inclinant de gauche à droite*, mouvement qui porte en arrière, elle se redresse comme lui — la souplesse s'allonge, la violence se redresse ; et nous marchons en pleine analogie.

De plus, et ceci rentre encore dans cette dernière dont nous avons fait notre point de départ, celui qui se glisse en tapinois, et sans vouloir être vu, se fait petit, replié sur lui-même et sans ouverture pour donner prise à l'ennemi pendant que celui qui y va de sa force et de ses poings se livre et découvre en entier ; ce que nous retrouvons dans nos deux écritures.

pôles sous la forme de lettres ouvertes et fermées : disons mieux et procédons par un exemple ; coutume que je tiens à garder pour mieux établir mes principes.

En Graphologie, l'écriture fermée représente le diplomate qui boutonne son habit et endosse son costume d'apparat chaque fois qu'il doit être en présence et qu'il joue au plus fin — l'écriture ouverte, le lutteur qui met habit bas et dépouille sa chemise quand, se préparant au combat, il s'apprête à mesurer ses forces avec un antagoniste digne de lui ; et, qu'elles soient de l'écriture ou de la main, il en est de même de toutes les formes, ce qui fait que lorsqu'on trouve une analogie inédite on a un type nouveau ; lequel peut faire souche si l'on veut.

En montant d'un degré, et seulement en passant car l'heure n'est pas à la transaction, je dirai qu'une main, quelle qu'elle soit, ne se trouve jamais qu'avec un corps en harmonie avec elle ; le contraire serait anomalie et ces dernières ne sont pas de la création.

Or donc, avec une écriture fine et allongée on a — à un degré plus ou moins grand, bien entendu, ce qui s'établit par l'écriture elle-même — une main longue et effilée ; laquelle à son tour nous dit l'homme en son physique tout aussi bien qu'en son moral, le faisant passer, là comme là, par tous les types de la filière. C'est, comme on le voit, la science se reliant indéfiniment avec elle-même.

Une préoccupation nous reste : *on peut contrefaire son écriture* ! Oui et non — oui pour le vulgaire ; non pour celui qui connaît la Graphologie. Un expert en écriture ne se trompe pas à ces dernières ; et un bon graphologue doit, nécessairement, être expert.

Une main courte et ramassée sur elle-même écrit gros d'instinct et ce n'est qu'en s'appliquant qu'elle peut changer l'ordre de choses ; mais comme en tout principe le bout de l'oreille perce toujours, quoique l'on puisse faire pour l'en empêcher, les gens se dévoilent d'eux-mêmes et cela d'autant plus qu'ils écrivent couramment. Quand un homme qui écrit gros d'habitude veut le faire en sens inverse nombre de ses mots commencent ou finissent gros et plus d'une de ses lettres s'égarent dans leur forme première; le tout sans régularité et suivant le laisser-aller de la plume : quand le type est changé, l'effet se produit en sens contraire et les mains longues qui écrivent gros ont en général une écriture plus haute que large. Les gens faux ou renfermés, je le sais, essayeront d'ouvrir leurs lettres pour donner le change à ceux qui les lisent; mais ils auront beau faire, ces dernières seront tronquées d'ouverture et se refermant, le plus souvent, sans qu'ils en aient conscience; et cela d'autant plus que, en ouvrant leurs lettres ils se livrent par le mouvement lui-même, ce qui les gêne et contrarie en leur for intérieur. C'est le contraire qui se produira chez les gens très-francs et ils fermeront une lettre pour en ouvrir dix, etc. ; et même en fermant leurs lettres ils leur laissent comme un entrebaillement pendant que celles des précédents s'entr'ouvrent avec peine et le plus souvent par une simple fissure. Un peu d'étude apprend le tout.

A la logique des choses maintenant.

CHAPITRE V

LA LOGIQUE DES CHOSES

Pour bien comprendre une chose il faut en avoir la logique ou raison d'être, sans quoi, ce ne sont que des mots qu'on entasse, et rien de plus ; car, en science plus qu'ailleurs, il faut une base essentielle à tout principe, point de départ appuyant ce dernier.

Ce que je cherche dans ce chapitre n'est donc qu'à faire la lumière plus intense pour éclairer mes derniers points, travail dans lequel je prie le lecteur de me suivre avec l'attention qu'il m'a prêtée jusque là.

Pourquoi les angles dans la forme des lettres et celle des doigts, nous donnent-ils la force et la rigidité de caractère? Parce qu'il n'y a que ce qui résiste qui fasse angle et que ce qui résiste est fort. Même principe pour les courbes, mais en retournant la question ; ce qui n'est, comme on le voit, que simple et logique en soi.

Les angles sont sans grâce et ceux qui les ont, comme traits d'écriture ou de personnalité, sont bâtis de la sorte ; à moins qu'un trait secondaire moins sec et moins aride que le premier ne vienne ôter à celui-ci une partie de sa force, et toujours en tenant compte des moyennes. Là encore il en est des courbes comme des angles et en sens inverse.

Les deux types se fondant d'une manière homogène et harmonique donnent ce que l'on appelle l'élégance, soit de corps, soit d'esprit. Tout ceci est le *sinequa non* des conséquences, et rien de plus, comme on le voit.

Pourquoi les lignes droites et tirées au cordeau donnent-elles l'esprit de justice et vérité? pendant que celles qui serpentent et ondulent apportent celui de ruse et fausseté? Parce que celui qui est véridique et juste va droit au but et sans rien craindre, pendant que celui qui marche dans la vie à contre-sens y cherche aussi le contre jour ; conséquence forcée du mouvement.

Pourquoi le trait qui barre les t minuscules représente-il la volonté de préférence à tout autre? Parce que le mouvement qui le produit est indépendant du reste de l'écriture et que tout acte d'indépendance est volonté de fait.

Pourquoi ces mêmes traits disent-ils *domination* et *ty-*

rannie quand ils sont placés haut ? Parce que tout ce qui surplombe s'impose à l'entourage ; et l'explication parle de soi.

Pourquoi représentent-ils l'entêtement et ténacité d'esprit quand ils sont à crochet ? Parce que tout ce qui accroche retient et que tout ce qui retient fait persistance prolongée et résistance forte, etc.

Pourquoi les lettres fermées disent-elles l'esprit de réserve et celles qui sont ouvertes celui de franchise ? Parce que tout ce qui est fermé garde en soi et que tout ce qui est ouvert laisse échapper.

Pourquoi les traits durs et ardents disent-ils la colère ? Parce que tout ce qui s'accentue prend double force.

Pourquoi les crochets en retour veulent-ils dire égoïsme et personnalité ? Parce que ces deux facultés reviennent toujours sur elles-mêmes.

Pourquoi les lignes qui montent veulent-elles dire ambition et succès ? Parce que tout ce qui monte porte haut et que le succès et l'ambition sont des apogées.

Pourquoi celles qui descendent disent-elles fatalité et déchéance ? Parce qu'au bout de toute déclivité est une chûte ou dégradation ; et bien d'autres qu'il serait trop long d'énumérer ici.

Le champ de la science, comme on le voit, peut donc s'agrandir à l'infini et chacun, comme on le voit encore, peut s'y faire un sillon personnel en étudiant pour lui ; ce qui sera toujours avantage à qui le tentera.

Ce que j'avance est si vrai que chaque jour j'enrichis ma collection de types trouvés par l'analogie, laissant loin derrière moi les premiers enseignements.

Je vais en donner quelques-uns dans le chapitre suivant.

CHAPITRE VI.

DES
TYPES ET ÉCRITURES QUI SE DISTINGUENT

Voyons d'abord nos types, les écritures viendront après.

Un A majuscule prenant la forme typographique et lancé en avant dans une courbe élégante m'a dévoilé, la première fois que je l'ai rencontré, le danseur émérite. Le trait, depuis lors, n'a jamais failli dans sa signification.

Les f minuscules, barrés en retour, me donnent la manière de saluer et la longueur du bras : le salut se trouve dans l'inclinaison de la lettre et la longueur du bras dans celle du trait qui barre en retour.

La majuscule C, s'arrondissant bien et s'inclinant avec grâce, me donne une personne un peu replète et s'arrondissant sur elle-même en saluant. Si l'écriture est serpentine, elle me donne l'obséquiosité, etc.

L'esprit de protection se trouve dans le dernier jambage des N et V majuscules lorsque ceux-ci, s'allongeant outre mesure, ombragent une partie de la ligne et protègent tout ce qui est autour d'eux. Il est bien entendu que là, comme ailleurs, il faut faire cadrer le type avec le reste de l'écriture.

Les d minuscules lancés dans l'espace et s'élevant haut veulent dire *coups de tête*. N'est-ce pas l'homme jetant son bonnet par dessus les moulins?

Enfin, et quelle que soit la forme offerte par une lettre, sa signification se retrouvera toujours dans l'analogie, si on l'y cherche ; quant à moi, si je trouvais dans une écriture quelconque une lettre affectant la forme d'un homme qui joue de la trompette, je dirais hardiment qu'il en est ainsi de lui, ou, tout au moins qu'il est musicien de tempérament. Tout ceci ne s'enseigne pas, on le comprend, et je ne puis qu'indiquer le mouvement : la faculté reste donc à ceux qui ont celle de perception ainsi qu'aux chercheurs dont l'intention sera réelle.

L'écriture change avec l'âge et se modifie suivant les circonstances de la vie, ce qu'il faut encore savoir. Dans nos jours de bonheur et d'espérance, elle monte sans effort et toute exubérante d'entrain, pendant qu'elle retombe affaissée sur elle-même quand tout défaille en nous, double mouvement de la plume qui permet de suivre ceux de l'âme chez les gens qu'on aime ou étudie de loin : vouloir vaincre l'effet est impossible, du moins complétement. Je l'ai essayé sans pouvoir y réussir; et quoi que je fasse, mon écriture est plus ou moins ferme, suivant que mon esprit est plus ou moins assis.

L'écriture peut aussi être prescience, et voici comment :

En fait de cette dernière, tout ce qui monte veut dire *succès* ; tout ce qui descend *déchéance* : or donc, et lorsque je vois mon écriture monter plus que d'habitude, je me dis qu'une réalisation est proche, et il est rare qu'il en soit autrement ; quand elle descend c'est le contraire et l'effet se produit de soi-même. Il est bien entendu aussi, que le trait pour avoir toute sa portée doit être tracé d'un mouvement indépendant et sans prétention voulue.

Il en est de même des traits qui barrent les t et soulignent les mots : en terme général, tout ce qui monte porte au but, tout ce qui descend en éloigne. tout ce qui fait crochet retient et empoigne. Il est donc facile de préjuger d'après cela.

Revenons aux appréciations de M. Michon.

Il a appelé *magistrale* l'écriture haute et grande de forme, comme représentant l'élévation d'esprit et la noblesse de sentiment; c'est-à-dire l'esprit des anciens preux, car elle était celle du moyen-âge.

Je n'ôterai rien à son assertion que je tiens pour valable, faisant observer, seulement, que l'écriture qui s'élève sans ampleur a moins l'esprit de noblesse et de générosité que celle dont les proportions sont analogues. L'on peut aussi, être grand, noble et généreux sans avoir l'écriture magistrale, ce qui se retrouve chaque jour.

Cette dernière représente pour moi, plus que toute autre, sinon la conviction de sa valeur personnelle, du moins la conscience de celle-ci, c'est-à-dire l'estime de soi à un degré plus ou moins élevé; et, en l'appréciant ainsi, je ne fais que rentrer dans son esprit qui n'est au fond que celui de caste; ce qui fait qu'elle tend à disparaître avec ce dernier : autres temps, autres mœurs; chaque époque doit donc se juger à son point de vue, en écriture comme ailleurs.

On appelle *écriture éclectique* celle dont toutes les lettres sont disparates de forme et de grandeur; et il en est ainsi parce qu'elle renferme en son esprit, et de fait, tous les autres; puisque chaque lettre, chez elle, dit une tendance autre que celle de la voisine; ce qui rentre toujours dans l'esprit général de graphologie.

Celle dite *encyclopédique*, dit tout à la fois la synthèse et l'analyse. C'est celle qui sciade les syllabes, relevant ainsi des deux types — les lettres liées et les lettres détachées.

L'écriture droite et perpendiculaire dit la prédominance de la tête sur le cœur. Celle qui penche de droite à gauche la prédominance du cœur sur la tête; aussi sensibilité, nervosite, susceptibilité. Celle qui penche de gauche à droite indique l'esprit de résistance et opposition : regardez-la, elle se cabre et révolte comme lui.

Quand la tête prime chez un homme, les lettres sont liées, — quand c'est le cœur, elles sont scindées; mais en distinguant avec le mouvement précédent, ce qui donne au type double force et double portée.

L'égoïsme empâte et élargit l'écriture, la personnalité la fait anguleuse et serrée sur elle-même ; ce qui ne représente pas mal les deux facultés.

L'écriture des mystiques a les hampes de ses lettres hautes ; celle des poëtes et des artistes a ses majuscules de forme typographique ; celle des fonctionnaires, des administrateurs, est ferme, droite, correcte et de grandeur moyenne ; celle du magistrat entre dans le type, mais est plus petite ; celle de l'homme d'affaire est petite et sans grands mouvements de plume, souvent gladiolée ; celle du bourgeois est mesquine, celle du commerçant restreinte d'effets, celle de l'exalté ardente et pleine de mouvements exagérés, celle du passionnel forte et empâtée, celle de l'avare sans ampleur ni force de traits etc. etc., et toujours en restant dans l'esprit de la forme.

Il est bien entendu que j'indique les types pris dans leur généralité ; tous pouvant se modifier entre eux : on peut être fonctionnaire et poète tout à la fois, commerçant et exalté etc.; ce que peut dire, seule, l'écriture à analyser.

CHAPITRE VII

DE LA SIGNATURE

La signature, en fait d'appréciation graphologique, est *tout ou rien* — tout car elle est à elle seule un pantacle disant l'homme en son entier ; et j'ai fait maints portraits sans autre secours qu'une signature; rien puisqu'on peut se passer d'elle pour faire ses portraits ; et, souvent, elle est de date plus ancienne que l'écriture qu'elle accompagne, ne s'étant pas modifiée avec elle ; mais elle est trait caractéristique et doit être étudiée toutes les fois qu'elle se présente.

En fait de signature, M. Michon a dénommé « royales » celles qui sont sans paraphe parce qu'elles ne se trouvent, dit-il, qu'avec une royauté de fait, soit de naissance, soit de supériorité. Louis XIV, Georges Sand et lui, M. Michon signent ainsi.

Si le principe a du bon il a aussi son côté faible ; et, pour moi, une signature n'est vraiment *royale* que lorsqu'elle est *magistrale* d'écriture ; étant dans tout autre cas en dessous de son principe. Dans le premier, elle est majesté — ridicule dans le second ; ce que je distingue toujours à l'appréciation. Il faut noter aussi que les enfants et ceux qui ne savent pas écrire signent sans paraphe ce qui n'est pas une royauté.

La signature royale, si nous ne voulons pas sortir de notre manière d'apprécier, n'a qu'une signification — l'estime de soi ou confiance dans son mérite propre ; car ceux qui ont la faculté sont rois dans leur esprit ; partant, sans besoin d'appui moral, rôle que le paraphe joue près de la signature qu'il soutient.

L'homme se décèle par lui-même, ce que nous avons établi, et celui qui doute de son mérite cherche à s'étamper de tout ce qui est à sa portée pendant que celui qui s'en croit sûr marche la tête haute et sans besoin d'appui.

Chaque paraphe ayant sa signification propre on comprend que je ne puis en donner qu'une théorie générale ; mais, comme tout le reste, il doit se définir par l'analogie et se traduire par l'esprit de sa forme ; ainsi, les coups de sabre en paraphe, les éclairs fulgurants sont signe de force et d'énergie pendant que les traits mous veulent dire faiblesse, les sinueux ruse, etc. etc. Il y a des paraphes qui sont tout une histoire.

Avec eux, lecteur, notre œuvre se finit ; vous avez l'esprit de la science et avec lui, tout le monde peut marcher. Beaucoup d'entre vous, j'en suis certain ont mis mes enseignements à profit, et peu ou beaucoup chacun a essayé ses portraits ; mais bien des choses restent à savoir et à comprendre ; c'est donc pour vous aider et vous faire la voie plus facile encore, que j'ajoute un dictionnaire à l'instruction propre de la graphologie.

Et maintenant lecteurs, non pas adieu, mais au revoir ; nous avons encore bien des choses à apprendre et si la leçon vous plait, je serai heureux de la reprendre un jour.

GLOSSAIRE

SIGNES-TYPES

A

A *maj.* — *Harmonie de forme,* sens de la forme et de la poésie, bon goût et élégance ; — *élancé de forme et se rapprochant de celle de la typographie,* grâce et légèreté, bon danseur s'il s'incline en avant ; — *inhan. et sans forme* ARRÊTÉE, manque de goût, de grâce et de simplicité ; — *exagération de forme et fioritures*, imagination qui travaille ; — *en forme de minusc.*, simplicité et manque d'attention.

A *minusc.* — il suit la règle des lettres finales (1).

ABSENCE — *de traits durs et lettres anguleuses,* douceur de caractère et volonté sans obstination ; — *des signes de la volonté forte,* esprit d'incertitude et manque d'initiative, insouciance, sensibilité d'abandon ; — *de tous les signes de la bonté et douceur*, sécheresse de cœur et aridité de sentiments, froideur, raideur et brusquerie.

ANGLES — *très aigus,* ardeur et obstination, volonté forte et personnalité, manque de souplesse dans le caractère ; — *aux finales des lettres,* nature vive et obstinée, cassante et entêtée.

ARRANGEMENT — *des lettres,* esprit d'ordre et de régularité, clarté d'esprit ; — *avec symétrie,* esprit de méthode et de classement.

(1) Voyez au mot *finales*.

B

B *maj.* — *harm. et de forme typ.*, esprit sérieux et cultivé, sens du beau et de la critique, poésie, sentiment des arts; — *inharm. et disgracieux,* vulgarité, prétention, recherche.

B *minusc.* — sans portée graphologique.

BARRES *des t minusc.* — *fortes et prolongées,* esprit ferme et énergique; — *fortes et arrêtées brusquement*, idées préconçues et arrêtées; — *faites en forme de massue,* volonté de fer, tenace et entêtée, volonté quand même; — *placées au sommet des hampes,* despotivité, esprit de commandement, de domination et tyrannie; — *très dures et au-dessus des hampes*, despotivité; — *courtes, basses et fortement arrêtées,* esprit d'initiative et résolution; — *longues,* vivacité et promptitude de mouvements; — *se terminant en pointe,* volonté ardente mais sans tenacité ni dureté; — *s'inclinant vers le bas,* faiblesse et défaillance d'esprit; — *longues et remontant vers le haut,* ardeur et ambition, manque d'exactitude; — *longues et ardentes,* vivacité, promptitude; — *les mêmes placées bas*, colère et emportement; — *remontant jusque aux lignes supérieures qu'elles rompent,* vaillance extrême, brutalité si elles sont *dures;* — *faibles et terminées en pointe,* nature faible et nonchalante, manque d'énergie et volonté; — *imperceptibles,* nature molle et sans ressort; — *tantôt faibles, tantôt fortes,* souplesse d'esprit, volonté incertaine et irrégulière; — *se terminant par un crochet,* entêtement et ténacité d'esprit.

BEAUÇOUP — *de courbes,* bonté, douceur; — *d'angles,* sécheresse de cœur; — *de traits lancés,* imagination; — *de fioritures,* orgueil, etc.

BELLE PROPORTION DES LETTRES — intelligence élégante et gracieuse, sens de la forme, celui des arts et de la poésie, du grand et du beau.

C

C *maj.* — lettre qui prête à la vulgarité et à l'extravagance.

C *minusc.* — il suit la règle des lettres finales.

COUPS DE PLUME — *descendant jusqu'aux lignes inférieures,* volonté irritable et prompte; — *durs et arrêtés,* colère, violence, emportement, éclats de volonté, de haine et de fureur.

COURBES — bonté, douceur, et bienveillance; — *molles,* paresse et nonchalance, nature sans ressort; — *énormes et exagérées,* désordre dans l'esprit et l'imagination; — *fermes et bien jetées,* hardiesse et courage.

CROCHETS — *en retour et aux maj.,* égoïsme et personnalité, estime de soi; — *aux finales,* étroiture d'esprit, intelligence moyenne; — *aux d minusc.,* prétention, pose et estime de soi; — *très accentués,* orgueil et vanité.

D

D *maj.* — comme le C, lettre capitale et prêtant, comme lui, aux fioritures et mouvements désordonnés de la plume.

D *minusc.* — C'est, de toutes les lettres, la plus importante à étudier; — *lié aux lettres qui suivent,* suite dans les idées, aptitude intellectuelle et philosophique; — *jetés en l'air,* imagination toujours en travail, sensitivité d'abandon; — *s'allongeant sans s'élever,* imagination qu'on cherche à maintenir; — *avec crochet qui se cramponne à la hampe,* orgueil, pose et prétention, esprit sans ampleur; — *avec fioritures,* extravagances et folies, enthousiasme et exaltation; — *manque de forme et sans mouvement,* simplicité, supériorité intellectuelle, peu d'imagination.

DÉFAUT — *de proportion entre les maj. et les minusc.,* vanité, prétention, manque de jugement, exagération; si c'est comme grandeur, laisser-aller, bonhomie: manque d'usage ou d'instruction, si c'est comme exiguïté de lettre.

DÉGUISEMENT — *des lettres en elles-mêmes,* esprit de ruse et de fausseté, hypocrisie, mensonge, vol et tous les travers d'une mauvaise nature si le reste de l'écriture rentre dans le type.

DOUBLE — *signe de l'intuition et déduction* (1), esprit équilibré et encyclopédique, logicien et primesautier.

E

E *maj.* — lettre de peu d'im-

(1) Syllabes scindées.

portance si ce n'est dans ses exagérations.

E *minusc.* — la plus importante de toutes les lettres finales.

ECRITURE — *magistrale,* élévation d'esprit et de sentiment; — *ample de forme et de traits,* grandeur et loyauté: — *se perdant en elle-même,* doute, ruse et soupçon, etc.; — *fine et élancée,* esprit fin et délicat; — *sans lettres bien tracées,* habileté, diplomatie, impénétrabilité, etc.; — *petite et sans ampleur,* manque d'élévation, personnalité, mesquinerie; — *à grands mouvements,* imagination ardente; — *à hampes hautes,* idéalité, contemplation, lyrisme; — *en coups de sabre,* ardeur et virilité, lutte et courage; — *avec crochets finals,* égoïsme et personnalité; — *exagérée de forme,* excentricité, bizarrerie, extravagance, folie; — *exagérée dans ses maj.,* orgueil; — *exagérée dans ses finales,* instinct de la dépense, vivacité; — *molle et arrondie,* élégance et aristocratie; — *longue et anguleuse,* vivacité extrême; — *penchée ou inclinée,* cœur, sensibilité, nervosité; — *bien ouverte,* franchise et loyauté, candeur; — *anormale,* caprice et originalité; — *anguleuse,* énergie de caractère et volonté forte; — *bariolée de coups de plume,* esprit pétillant et semé d'étincelles; — *nette et bien espacée,* justice, équité, jugement, ordre et arrangement; — *calme et correcte,* résignation et placidité d'esprit; — *mal formée,* vulgarité absolue.

ELEGANCE — *des formes,* grâce et facilité de caractère.

EXAGÉRATION — *des lettres,* enthousiasme, exagération; — *des traits et des signes,* exaltation, excentricité, originalité et folie.

F

F *maj.* — importante, par les fioritures, seulement.

F *minusc.* — importante à être étudiée; — *barrée en retour,* volonté d'instinct; — *barrée avec crochet,* entêtement sans bornes.

FACILITÉ — *de plume,* facilité d'esprit.

FERMETÉ — *de l'écriture,* esprit de justice et de loyauté, droiture et conscience.

FINALES — *terminées durement,* caractère dur et anguleux; — *dures et remontantes,* nature irritée; colère, violence, etc.; — *faisant un angle aigu*, inflexibilité de volonté, de caractère; — *arrêtées brusquement*, avarice et ladrerie, ordre et économie; — *arrêtées durement*, avarice et dureté de caractère; — *ascendantes*, esprit belliqueux et prenant l'initiative, emportement; — *jetées par dessus les mots*, esprit frondeur; de défense et de générosité; — *demi-longues*, sobriété et retenue; — *écourtées*, esprit de parcimonie et possessivité; — *revenant sur elles-mêmes*, générosité égoïste et personnelle; — *doucement arrondies*, bonté et douceur, esprit gràcieux; — *longues et fines*, instincts aristocratiques; — *à seignements brisés*, rudesse de caractère, manque de goût; — *anguleuse*, nature vive, ardente et obstinée.

FIORITURES — orgueil et vanité, exaltation, enthousisme, pose et imagination.

FORME DES LETTRES — *légère et arrondie*, goût fin et délicat; — *pâteuse et controuvée*, nature commune et vulgaire; *arrondie*, grâce et poésie; — *anguleuse*, réalisme et positivisme; — *pleine et épaisse*, instincts passionnels, matérialisme, sensualité.

G

G — qu'il soit maj. ou minusc. il est toujours favorable aux crochets; — *avec mouvement dans le haut*, énergie de caractère; — *dans le bas*, nature ardente et à imagination; — *à large panse*, manque de goût, égoïsme et gourmandise.

GRAND — *mouvement de l'écriture*, imagination, entrain, ardeur; — *coups de plume*, imagination sans assujétissement; — *de sabre*, instinct de la lutte et de la défense; — *crochet final*, exaltation nerveuse et personnelle, concentration, nature déréglée.

GRANDE — *exagération des formes*, excentricité de caractère, extravagance, folie; — *majuscules*, orgueil et fatuité; — *finales*, vivacité, esprit de dépense.

H

H *maj.* — lettre qui accentue plus qu'une autre, quand elle se rapproche de la forme typ., le sens de la poésie et celui des arts.

H *minusc.* — sans importance réelle.

HAMPE DES LETTRES — *très élevées,* poésie, lyrisme, mysticité, idéalisme; — *très basses,* positivisme, terre-à-terre, — *filiformes,* esprit indécis et faiblesse de volonté; — *fortes et épaisses,* énergie de caractère; volonté et puissance d'action.

HARDIESSE — *des traits,* esprit aventureux, hardi et téméraire.

HARMONIE — *de l'écriture,* élévation d'esprit et de sentiment; — *des lettres,* sentiment du goût et des choses justes.

I

I *maj.* — peu d'importance.

I *minusc.* — grande importance quand il est lettre finale.

INCERTITUDE — *des traits et des lignes,* crainte, doute et soupçon, ruse et timidité.

IRRÉGULARITÉ — *de l'écriture,* esprit changeant et léger, manque d'ordre et de régularité; — *dans les jambages d'une même lettre,* manque d'élan ou de force, génie qui ne peut atteindre à l'idéal.

INTERRUPTION — *d'une syllabe à l'autre,* esprit encyclopédique et équilibré, tout à la fois déductif et intuitif; — *entre les jambages d'une même lettre,* sens primesautier, coup d'œil et impressionnabilité, invention et pressentiments.

J

J *maj.* — lettre d'une grande importance en ce qui regarde sa tête et sa panse.

J *minusc.* — même importance que *maj.*

JAMBAGE DES LETTRES — *très séparés,* esprit de dépense et de désordre; — *inégaux,* versatilité d'esprit, manque de tenue dans les idées; — *le 1er du M maj. plus haut,* efforts vers l'idéal; — *plus bas,* manque d'idéalisme; — *le dernier plus haut,* sentiment de sa force, estime et confiance en soi; — *plus bas,* timidité, crainte, etc.

K

K — mêmes conditions que pour les autres lettres, qu'ils soient majuscules ou minuscules.

L

L *maj.* — lettre qui prête aux fioritures.

L *minusc.* — rentre dans les conditions ordinaires.

LETTRES — *juxta-posées*, coup d'œil et intuition, pénétration et impressionnabilité, esprit d'invention, de critique et d'abstraction ; théorie, observation et philosophie ; — *de forme typ.*, sentiment des arts et de la poésie, amour de la forme ; — *comme drapées*, esprit littéraire ; — *bizarres et illisibles*, bizarrerie d'humeur, originalité propre ; — *excentriques*, bizarrerie prête à passer à la folie, orgueil ; — *saccadées et à crochets*, exaltation nerveuse et concentrée ; — *pâteuses et appuyées*, amour du bien-être et de la table, entente du confortable, plaisir des sens et matérialité, bestialité, brusquerie, etc. ; — ***nettes et bien formées***, candeur et simplicité ; — ***anguleuses de forme***, rigidité de caractère et volonté ferme, idées arrêtées et ténacité d'esprit ; — *petites, basses et comprimées*, esprit étroit et méticuleux ; — *entassées*, parcimonie ; — *évitant les hauteurs*, dissimulation ; — *arrêtées brusquement*, résolution brusque, esprit de réserve et de retenue ; — *inharm.*, manque de goût, du sentiment de la forme et de celui des arts, vulgarité ; — *inégales de forme et de hauteur*, esprit d'hésitation et d'incertitude, mobilité et versatilité de caractère, manque d'initiative et idées arrêtées ; — *égales de forme et de grandeur*, suite dans les idées, réflexion, franchise et loyauté ; — *fermées*, impénétrabilité, discrétion et sécrétivité ; — *penchées*, cœur et sensibilité ; — *redressées*, rigidité de sens, froideur, impassibilité ; — *tout à la fois, penchées et redressées*, lutte entre les sentiments et la raison ; — *saillantes et remontant à la fin des mots*, honneur, franchise, entrain et ambition ; — *perpendiculaires*, possession de soi ; — *sans écarts de plume*, calme et tranquillité, manque d'imagination ; — *ardentes et bien* *accentuées*, ardeur et courage; — *à seignements brisés*, oubli de la forme; — *ouvertes*, épanchement; — *harm. et sans fioritures*, sobriété de parole et de mouvement; — *allongées*, élégance et bonnes manières; — *ascendantes*, esprit tendant au but et y arrivant; — *descendantes*, doute, crainte, incertitude et fatalité; — *très ascendantes*, volonté quand même; — *très descendantes*, idée du suicide, pensées de mort; — *grandes et élevées*, esprit élevé, haute position; — *montant à la fin des mots*, désir de s'élever.

LIAISONS — *rapidement jetées*, promptitude et vivacité; — *s'enroulant au-dessus des lettres et maj.*, imagination qui s'exalte et dépasse le but; — *en retour et surabondantes*, imagination déréglée; — *hautes et accentuées*, insouciance de la vie; — *s'élevant au-dessus des lettres*, jugement facile à s'égarer; — *lancées dans le vide*, amour de la lutte et instinct de l'offensive.

LIGNES — *ascendantes*, ambition, chance et succès, sentiment de sa force et de sa valeur, ardeur et entrain, talent de se produire, estime de soi, etc.; — *trop asc.*, orgueil et fatuité, volonté sans frein, manque de jugement, trop d'ardeur et confiance en soi, etc.; — *asc. avec des mots asc.*, nature qui tient à la vie; — *terminées par des mots asc.*, vivacité exagérée; — *descendantes*, fatalité, tristesse, mélancolie, abattement, déception, mauvaise chance, difficultés, etc., doute, crainte et manque d'énergie, envie, jalousie, suicide; — *desc. puis remontantes; et vice versâ*, lutte dans la vie, chute et avènement ou avènement et chute, alternatives de hauts et de bas, etc., — *avec des mots desc.*, mauvaise chance, impuissance et faiblesse de réaction; — *serpentines*, esprit de ruse, de fausseté, etc., finesse et savoir-faire, diplomatie, patience, lenteur, etc.; — *très serpentines*, impénétrabilité, insinuation, tortures de l'âme; — *droites et rigides*, fermeté d'esprit et volonté, rigidité de caractère, loyauté, franchise, etc.

LUMIÈRE — *entre les lignes*, intelligence claire et limpide.

M

M *maj.* — lettre capitale; — *tous les jambages réguliers,* rectitude et précision; — *inégaux,* manque de confiance en soi, orgueil; — *inharm.,* vulgarité, nature mauvaise, vicieuse ou commune; — *de forme élégante,* aristocratie et élégance; — 1er *jamb. plus élevé,* tendance vers l'idéal, aspirations grandes; — *jamb. espacés,* aplomb; se reposant sur lui-même, s'il y a excès; — *harm.,* équilibre intellectuel; — *finissant par un trait dur,* grande énergie de caractère.

M *minusc.* — sans autre importance que celle des angles et des courbes.

MAJUSCULES — *typog.,* sentiment de la forme et des arts, poésie, style; — *harm.,* instinct du beau et de la forme, esprit de philosophie, etc.; — *bien jetées,* grâce et vivacité; — *épanouies,* hardiesse et manque de timidité; — *plus bas que la ligne,* manque de goût et de poésie; — *plus haut,* entrain et imagination; — *sans fioritures,* nature simple et droite; — *exubérantes et avec courbes,* action qui dépasse le but; — *magistrales et hardies,* sentiment de sa force et de sa valeur, allures vives et gaies; — *dilatées,* sentiment de la réussite et du devoir; — *grandes et harm.,* conception de l'idée; — *épatées et dilatées,* faux orgueil et contentement de soi; — *longues et étroites,* faiblesse d'esprit et de volonté, intelligence avortée par la pression d'autrui; — *exagérée de forme,* force apparente, opinion exagérée de soi et de son mérite, efforts pour paraître ou arriver; — *gracieuse,* élégance et distinction; — *trop élevées,* esprit que l'accessoire frappe avant le principal; — *mise à la place d'une minusc.,* prétention et vanité, exagération et enthousiasme mal compris; — *aux mots qui ne doivent pas en avoir,* prépondérance de l'idée que le mot représente, type, poseurr et bourgeois; — *avec* 1er *jamb. plus élevé,* haute position dans le monde.

MANQUE — *de ponctuation,* légèreté d'esprit, manque de détails et de prudence.

MÉLANGE — *des lettres inclinées et relevées,* lutte entre le cœur et l'esprit, entre le sentiment et la raison, sensibilité contenue, irrégularité d'action.

MINUSCULES — *à la place d'une maj.,* simplicité de caractère, inattention, imprévoyance, intelligence qui manque de développement; — *harm.,* intelligence forte et éclairée ; — *inharm.*, esprit faux et sans valeur ; — *de forme typ.*, sens du beau, de la forme et des arts.

MONOTONIE — *de l'écriture*, esprit soumis à la règle et manque d'imagination.

MOTS — *tassés et serrés*, avarice, économie, ladrerie, possessivité ; — *juxta-posées*, intuition, synthèse, coup-d'œil, impressionabilité ; — *largement espacés*, franchise, épanchement, candeur et naïveté ; — *grossissants*, abandon, confiance et épanchement ; — *asc. et fortement tracés*, ardeur, colère, emportement ; — *glissant sur eux-mêmes*, nature qui cherche à se dérober ; — *desc. dans des lignes desc.*, double fatalité ; — *gladiolés*, finesse d'esprit, saillies, critique et persifflage, reparties, coup-d'œil, impénétrabilité, moquerie et savoir-faire ; — *gladiolés avec des mots grossissants*, finesse acquise, irrégulière et se laissant souvent deviner ; — *sans finale*, économie, ordre, possessivité ; — *largement espacés*, dépense et prodigalité ; — *sans rapports entr'eux*, esprit qui prend toutes les formes pour arriver à son but ; — *liés entr'eux*, esprit d'assimilation et d'analyse ; — *tourmentés*, tortures morales.

MOUVEMENTS DE PLUME — *qui s'écartent de la ligne normale*, désordre de l'esprit, de l'imagination, de la volonté ; — *désordonnés et inharm.*, mauvais penchants, esprit de désordre. tendance à la folie ; — *gracieux et bien jetés*, vivacité de caractère, ardeur d'imagination, légèreté de style et de pensée ; — *sans règle*, désorganisation de l'esprit ; — *disproportionnés*, enthousiasme, exagération, folie.

N

N *maj.* — mêmes indications que la précédente et même importance.

N *minusc.* — suit la règle des lettres finales. c'est-à-dire se juge par sa forme, sa grosseur, sa grandeur, sa liaison, etc.

NÉGATION — *des types*, la faculté contraire à la leur.

NÉGLIGENCE — *de l'écriture*, esprit léger et paresseux ; paresse, dégoût et insouciance.

NULLITÉ — *des formes et*

des traits, débilité de corps ou d'esprit, nature sans portée.

O

O *maj.* — se combine comme les autres.

O *minusc.* — n'a d'importance que par son ouverture et sa position.

OPPOSITION — *des types,* anomalie de caractère, lutte dans la vie, caprice et fantaisie, originalité.

ORDRE — *dans l'écriture,* esprit de classement, de méthode, d'organisation et de classification.

OUVERTURE — *des lettres,* franchise et loyauté, candeur, épanchement, etc.

OUBLI — *des points et virgules*, manque de prudence, abandon et confiance, nature facile à se livrer.

P

P *maj.* — importants à étudier.

P *minusc.* — il suit la règle générale.

PANSE — *des maj. et lettres à queue,* désordre de l'esprit et imagination quand elles sont trop volumineuses.

PETITES LETTRES — *qui semblent s'esquiver,* timidité, crainte et pudeur.

PEU DE MOTS — *à la ligne,* esprit de dépense, générosité et prodigalité.

POINT — *après la signature, etc.*, méfiance et soupçon, prudence et conscience, expérience acquise.

Q

Q *maj.* — règle générale.

Q *minusc.* — il suit les lois du p minuscule.

QUANTITÉ — *de fioritures,* orgueil et imagination déréglée; — *de traits de plumes jetés,* bizarrerie de caractère, énergie de volonté, ardeur, désir, lutte, esprit pétillant et à facettes; — *de mots à la ligne,* économie, ladrerie; — *de lignes à la page,* même signification que ci-dessus.

R

R *maj.* — suit la règle générale.

R *minusc.* — lettre importante par sa forme et sa liaison, surtout quand elle est finale.

RETOUR — *bizarre et élégant des lettres sur elles-mêmes,* esprit gracieux et élégant; — *des liaisons qui barrent les t et les f,* volonté d'instinct, volonté forte et opiniâtre, idées arrêtées; — *de celle des t minusc. jetée en l'air après avoir barré,* esprit d'indépendance et de résolution, manque de réserve et de retenue, mépris du qu'en dira-t-on.

RÉUNION — *des mêmes types en bien,* perfection morale et intellectuelle; — *en mal,* manque de cœur et d'honorabilité, mauvais penchants et tendances au crime; — *des types mélangés,* lutte entre les tendances au bien et celles au mal.

RIGIDITÉ — *des lignes,* fermeté de caractère, conscience et probité, esprit de commandement; — *des traits et finales,* de même que ci-avant.

S

S *maj.* — lettre qui prête à toutes les fioritures imaginables et très variée en sa forme; veut être étudiée avec soin.

S *minusc.* — grande importance comme lettre finale.

SAUT DU LIÈVRE — *mouvement brusque des lignes se superposant de leurs mots,* mouvement brusque de l'esprit passant d'une idée à l'autre sans transition, esprit de ruse faisant des écarts pour mieux dissimuler, etc.

SÉRIE — *de lettres ou de mots à angles aigus,* obstination, entêtement et personnalité.

SOUPLESSE — *des traits,* douceur et bonté.

SURCHARGE — *des lettres,* esprit vulgaire, prétentieux et poseur.

T

T *maj.* — importance secondaire.

T *minusc.* — c'est la plus capitale de toutes les minuscules; — *fortement barrés,* volonté ferme et autoritaire; — *durement barrés,* volonté forte et oppressive; — *barrés bas,* énergie de volonté; mais sans domination; — *barrés haut,* domination et despotivité; — *au-dessus des hampes,* tyrannie, empire, domination, etc., —

barrés très-durement, persistance d'obstination; — *avec retour anguleux de la finale pour barre,* entêtement extrême et sans retour à la raison; — *barrés par un mouvement de plume qui enlace le haut de la hampe,* grande indépendance de caractère, mépris de l'opinion des autres, etc.; — *barrés court et fort,* idées arrêtées, positivisme et réalisme, persistance; — *barrés avec massues,* volonté forte, énergique et sans concessions; — *barrés faiblement,* volonté molle et nulle; — *barrés inégalement,* volonté irrégulière et capricieuse; — *par un trait long et mince,* vivacité de caractère et ardeur d'imagination, volonté sans dureté ni pression; — *par un trait serpentin,* volonté souple et flexible; — *par un trait imperceptible,* volonté sans consistance; — *non barrés,* manque de volonté et d'initiative.

TÉNUITÉ — *des lettres et de l'écriture,* impénétrabilité et esprit de discrétion.

TOUS — *les signes de la volonté réunis,* sécheresse de cœur et la prédominance de la tête; —*ceux de la bonté et de la douceur,* paresse et nonchalance, prédominance du cœur; — *de l'imagination,* légèreté d'esprit, erreur, enthousiasme, excentricité, etc.; — *de l'intuition,* idéalisme, lyrisme, etc.; — *de la déduction,* esprit méthodique et raisonneur, etc.

TRACÉ DES LIGNES — *calme et droit,* tranquillité d'esprit, calme du cœur; — *ondulé,* ruse, adresse et savoir-faire, mensonge, etc.; — *incohérent,* inquiétude et agitation morale.

TRAITS — *durs et appuyés,* colère, violence, emportement; ardeur, courage, énergie, brutalité, égoïsme, brusquerie, etc.; — *tourmentés,* agitation morale, inquiétude nerveuse; — *bizarres et excentriques,* caprice, originalité, etc.; — *s'allongeant vers le haut,* vivacité extrême; — *placés à la fin des lignes,* esprit cauteleux et minutieux, réserve, méfiance, doute et soupçon (M. Michon l'appelle : *trait du procureur*); — *en finales jetées en l'air,* ardeur d'esprit et de caractère, imagination déréglée, etc.

TROP GRANDE EXAGÉRATION — *des formes,* folie probable et à venir; — *distance entre les mots, les lettres, etc.,* prodigalité, dépense, dettes: même perte de fortune, mauvais penchants.

U

U *maj.* — suit la règle générale.

U *minusc.* — idem.

UN TRAIT — *à la fin des lignes,* méfiance, etc.; — *jeté par dessus les lettres,* ardeur et imagination.

UNE MAJ. POUR UNE MINUSC. — orgueil et le MOI personnel; — *une minusc. pour une maj.,* simplicité, etc.

UNIFORMITÉ — *d'écriture,* calme et tranquillité; — *des lettres,* simplicité vraie, etc.

USAGE DU POINT — *après la date, etc.,* méfiance, doute, etc.

V

V *maj. et minusc.,* — lettre à étudier.

VAGABONDAGE — *de la plume,* légèreté d'esprit, vivacité, bizarrerie, etc.

X

X *maj. et minusc.* — suit la règle générale.

Y

N'a de l'importance que par son crochet d'en bas.

Z

Z *maj.* — prête aux fioritures.

Z *minusc.* — a une grande importance comme finale; — *terminée par un coup de sabre,* lutte et ardeur; — *par un trait jeté en l'air,* vivacité; — *par une queue à panse,* égoïsme et personnalité, etc.